44
Lb 492.

DE
LA CONQUÊTE
ET
DU DÉMEMBREMENT
D'UNE GRANDE NATION,
OU

Lettre écrite par un grand d'Espagne à Bonaparte, au moment où celui-ci venait de faire arrêter Charles IV et Ferdinand VII dans les murs de Baïonne, où il les avait attirés, sous prétexte de concilier leurs différends.

L'Espagne est de toutes les nations de l'Europe celle qui a montré dans ces derniers temps le plus de grandeur et de véritable héroïsme. Tout le monde sait par quelle horrible perfidie, par quelle exécrable violation des traités, elle se vit ravir pour un moment son indépendance nationale et la dynastie de ses monarques légitimes. Un aventurier couronné, un souverain parvenu, peu content de s'être placé à la tête d'une monarchie qui, sans lui, serait encore la première et la plus florissante de l'univers, et gêné de voir sur tous les trônes de l'Europe des familles dont l'antiquité semblait lui reprocher continuellement de n'être qu'un roi de fortune; pour se délivrer de cet objet importun, avait formé le projet de couronner tous ses frères, et de doter chacune de ses sœurs d'une souveraineté. Ne pouvant être du sang des rois, il voulait du moins mettre partout des rois de son sang. L'Espagne se trouva comprise dans ses vues ambitieuses. Ce beau royaume lui parut à la bienséance de M. Joseph Bonaparte, alors roi de Hollande. L'amitié et la paix qui régnait entre la France et les Espagnols, loin d'arrêter l'usurpateur, ne fit que favoriser son infâme dessein. Je ne rappellerai point ici comment il fit arrêter dans Baionne les princes Charles IV et Ferdinand VII, qu'il y avait attirés sous prétexte de concilier leurs différends; comment il remplit tout-à-coup leurs états de ses armées et déclara son frère souverain des Espagnes. Je ne dirai pas non plus de quelle manière les Espagnols répondirent à cette étrange déclaration, ni par quels efforts ce peuple généreux parvint à rejeter hors de ses frontières l'usurpation et la tyrannie, et à recouvrer par les armes cette liberté qui lui avait été enlevée par la plus indigne des surprises. Il n'est personne qui ne connaisse ces évènemens. Un Espagnol d'une maison illustre et honorée depuis plusieurs siècles par les plus grands emplois de l'état, avait été long-temps l'admirateur passionné de Bonaparte; il avait même souhaité son intervention dans les troubles qui agitaient l'Espagne. Indigné de s'être laissé tromper par une fausse apparence d'héroïsme, au moment où l'usurpateur leva le masque, il lui écrivit une lettre pleine de courage, de raison et de patriotisme, dans laquelle il lui annonçait toutes les suites de l'horrible violation du droit des gens qu'il venait de commettre. Cette lettre, inconnue jusqu'ici, a été, dit-on, retrouvée dans des papiers que Bonaparte oublia à l'Elysée-Bourbon lors de son départ. Elle nous a semblé curieuse, et nous croyons que le public nous saura gré de la lui donner, telle qu'elle est venue entre nos mains, sans cependant en garantir l'authenticité. Voici cette pièce.

SIRE,

C'est du haut du trône où vous êtes assis aujourd'hui, qu'ont été prononcées ces belles et royales paroles, que si la bonne foi était bannie de la terre, elle devrait trouver son dernier asile dans le cœur des Rois. Serions-nous assez malheureux pour venir la chercher et l'implorer en vain dans le vôtre. Sire, l'univers a dans ce moment les yeux sur vous. Votre conduite va décider une grande question, une question qui touche aux destinées du genre humain. Dans peu, demain peut-être, on saura s'il y a une morale pour lse nations, comme pour les particuliers, si le droit et la justice, si la religion des promesses et la foi des traités sont quelque chose entre les chefs des peuples, ou s'il faut regarder la violence et la fraude comme la loi du monde politique. L'histoire du droit des gens depuis l'antiquité des siècles, jusqu'aux temps où nous vivons, n'est pas honorable à la nature humaine. Si dans l'établissement des sociétés civiles, la barbarie a été bannie des relations particulières de chaque homme avec son semblable, il semble que ce n'ait été que pour s'établir dans les rapports des nations entre elles. Les lois et les gouvernemens ont mis les particuliers en paix, mais l'état de guerre est resté l'état naturel des peuples. Quel tableau nous offrent à cet égard les annales de tous les siècles? Je ne parle point de ces temps malheureux où les hommes s'assemblent pour s'égorger, et cela sans autre motif que de rougir la terre de leur sang; et toutefois ces temps font presque toute l'histoire. Car, que sont les faibles intervalles de repos que met quelquefois entre eux le hasard, la lassitude et le besoin de reprendre de nouvelles forces pour le meurtre et le carnage? Mais que trouvons-nous dans ces intervalles même, que des alliances sans affection, des traités sans foi, des paix perfides et passagères, où l'on a toujours soin de glisser l'article secret, qui doit servir de prétexte à la guerre prochaine. Oui, Sire, les hommes se sont civilisés; mais les nations sont encore barbares, sans loi, sans règle, sans devoir reconnu, vivant de proie, et mettant dans la force le droit de la propriété. Cependant le monde s'est éclairé et s'éclaire de jour en jour; de nouvelles sources de lumières s'ouvrent sans cesse, et s'ouvriront encore : ces lumières doivent-elles être perdues pour le bonheur du genre humain, et si les hommes ont pu se réunir par les liens du devoir et de l'intérêt, pour former ces grandes associations politiques, qui couvrent la terre comme autant de familles, les mêmes liens ne feront-ils jamais de ces associations diverses une famille unique et universelle. O Henri IV! ô Saint-Pierre! ô Rousseau! car ce furent toujours des cœurs français, Sire, qui formèrent un si beau projet; n'est-ce donc point une calomnie contre notre nature, que de reléguer vos consolantes espérances au rang des chimères et des songes ! Souvent en arrêtant ma pensée sur ces objets, dont la méditation est si douce à l'homme de bien ; je me disais, si un jour quelque intérêt, quel qu'il fût, réunissait dans une grande confédération la plupart des monarchies de l'Europe; si parmi les chefs de ces monarchies, il s'en trouvait un dont la puissance et la gloire militaire lui donnassent un juste ascendant sur les autres, si à cette supériorité il joignait un véritable amour de l'humanité, et le désir de marquer son règne d'un genre de gloire encore neuf parmi les hommes ; alors ce serait le temps où pourrait être tracé d'une main libérale et désintéressée le code des nations européennes; alors le repos et le bonheur universel seraient affermis sur des fondemens solides et inébranlables; alors l'Europe entière ne ferait plus qu'une famille, ou plutôt qu'un temple où la justice et la paix seraient adorées sur le même autel. Mais si toutes ces circonstances se rencontraient, sans produire un effet si désirable, ô Henri IV ! ô Saint-Pierre ! ô Rousseau ! Il faut l'avouer en pleurant sur nos destinées ; vos sublimes espérances ne seraient en effet que des rêves d'hommes de bien ! Sire, ces circonstances se sont rencontrées, et j'ose le répéter à Votre

Majesté, sa conduite va décider la question la plus importante pour le bonheur et la gloire de l'humanité.

Mais après ces hautes considérations, Sire, oserais-je vous en proposer d'une autre nature. En prononçant sur ces grands intérêts, vous allez en même temps prononcer sur vous-même, et décider à jamais quel nom il faut donner à votre gloire. Des victoires peuvent faire un conquérant: le titre de grand homme est à un plus haut prix; c'est la vertu qui le donne. Ah! si vous le trouviez d'une acquisition trop difficile à cette condition, si vous vous décidiez à renoncer à cette renommée de la vertu à laquelle vous aviez semblé aspirer; du moins ce que vous avez fait jusqu'ici mérite que vous y renonciez d'une manière moins indigne de vous. Daignez un moment arrêter les yeux sur le spectacle qui attache en ce moment ceux de tout l'univers. Nous vous avons désiré dans nos malheurs domestiques; nous vous avons appelé comme un médiateur pour nous aider à rétablir la paix dans nos provinces agitées par des divisions intestines; nous avons reçu vos sujets comme nos frères; ils ont mangé à nos tables et dormi sous les mêmes toits que nous; vous-même, Sire, vous vous êtes présenté à notre souverain sous les noms de paix et d'amitié, vous lui avez engagé votre parole royale de l'affermir sur le trône de ses pères ; et aujourd'hui, par un oubli des sermens que je n'oserais qualifier, vous l'arrêtez, vous le dépouillez, vous lui enlevez son peuple. Non, Sire, telles ne peuvent être, telles ne sont point vos intentions. Si quelques hommes, aveuglés par la passion et par je ne sais quels intérêts, vous ont donné ces conseils indignes de votre magnanimité, vous leur en renverrez la honte ; et nous n'aurons point la douleur de vous reprendre une estime qu'il nous serait si doux de vous laisser. Mais ces hommes eux-mêmes, qui osent ainsi porter sur votre gloire une main sacrilège, connaissent-ils bien toute la suite de l'entreprise à laquelle ils vous poussent ? Que l'injustice et le parjure ne soient comptés pour rien, j'y consens, si le préjudice ne suit la faute, et si l'oubli du devoir n'entraîne en même temps avec lui celui de vos intérêts. Je ne remettrai plus sous les yeux de Votre Majesté ni les droits de la nation que l'on veut dépouiller de son indépendance, ni tout le sang dont il faudra l'épuiser avant d'y parvenir. Mais ce sang coulera-t-il seul ?

Ils s'abuseraient étrangement, ceux à qui la vue de nos maux, de nos divisions, et de nos fureurs domestiques nous feraient regarder comme un peuple sans force et sans ressource, livré pieds et poings liés à quiconque voudrait en être le maître. Nous savons jusqu'où va notre faiblesse ; nous voulons la paix, nous en sentons le besoin ; nous serions prêts à y sacrifier nos richesses, notre luxe, notre importance politique, notre bonheur ; enfin tout ce que nous pouvons perdre sans cesser d'être nous-mêmes. Mais il est un point de désespoir où il ne faut jamais réduire une nation ; il est un terme d'oppression au delà duquel tout devient force, même la faiblesse et l'impuissance. Nous touchons à ce terme fatal. Malheur à qui nous le ferait dépasser. Nous avons levé différens étendards ; mais le nom d'Espagnol peut devenir un drapeau commun sous lequel on nous verra tous marcher. Vaincus, poursuivis, dispersés, nous retrouverions dans nos montagnes les traces de Pélage et de nos aïeux. Qui sait si une pareille crise ne serait pas heureuse pour notre patrie. Plus d'une nation dégénérée et corrompue s'est refaite dans de semblables tourmentes. Pour nous nous pouvons y périr ; mais nous n'en pouvons sortir que rajeunis et remplis d'une vigueur nouvelle. Eh ! quel Espagnol n'oublierait pas ses opinions, ses passions, ses haines particulières, pour défendre sa patrie et son nom ? Qui pour une cause si belle et si sainte, ne sentirait pas se ranimer au fond de son âme cet esprit public depuis si long-temps éteint parmi nous. Et quel ne sera point notre courage lorsque nous combattrons tous réunis dans les mêmes sentimens, dans l'amour du même Roi et du même pays! Car n'en doutez point, Sire, notre Roi, même dans vos fers, serait toujours notre Roi, et nous nous hâtons de protester contre tout ce que la violence pourrait lui arracher de contraire au droit que nous avons d'être gouvernés par lui. Absent, son nom nous animera; nous mettrons son image au milieu de nous, et nous mourrons en la défendant. Sire, ils vous tromperaient ceux qui vous diraient qu'un peuple dans une pareille situation n'est point à craindre; nous pouvons succomber; mais la victoire sera d'un prix effroyable. Elle est incertaine, et ne doit pas vous tenter. L'avenir n'offre de toute part qu'une obscurité impénétrable. Un mot de vous, Sire, et nous allons tous nous précipiter dans cette nuit épaisse et nous y égorger au hasard, jusqu'à ce que le temps dissipe les ombres et montre le succès. Mais quel qu'il soit, le vainqueur aura peu de grâces à rendre au ciel.

L'histoire, Sire, offre plus d'une preuve sanglante de ce que peut une nation forcée dans l'asile de ses dernières ressources et de ses dernières espérances. Mais l'histoire de la France en offre peut-être de plus frappantes que toute autre, et l'on peut vous choisir des exemples domestiques dans la nation que vous gouvernez. J'oserai rappeler à Votre Majesté cette époque désastreuse où la faiblesse du prince, l'ambition et la perfidie des grands amenèrent les étrangers jusqu'au centre de vos provinces. Quelle fut la situation de la France après les malheureuses batailles de Crécy et de Poitiers? L'armée détruite, le Roi prisonnier, le trésor épuisé; les ennemis triomphans dans l'intérieur, des partis puissans se joignant à eux, la trahison partout, la confiance et l'union nulle part. Cet État était-il plus fécond en ressources que le nôtre? Et cependant qu'arriva-t-il? Ce qui peut arriver à toute nation qui, résolue aux derniers sacrifices, ne tient plus compte d'aucun danger, et hasarde, sans hésiter, les derniers moyens, parce que ses espérances ne valent pas la peine d'être ménagées. En vain le monarque captif signe, au fond de sa prison, un traité qui le dépouille d'une partie de ses états. Si le Roi renonce à son peuple, le peuple ne renonce pas à son Roi, et les États assemblés refusent de souscrire au pacte honteux arraché à la faiblesse par la violence. Un nouvel exemple fut donné bientôt après. La folie du malheureux Charles VI, les démêlés des ducs de Bretagne et de Bourgogne, les intrigues d'une princesse ambitieuse ont amené une seconde fois le démembrement de la France ; des souverains étrangers en sont couronnés rois dans Paris ; et Charles VI, en mourant, ne laisse à son fils que le titre de roi de Bourges. Je me trompe, Sire, il lui laissait des cœurs français et des provinces qui brûlaient du désir de se rejoindre à celles dont elles avaient été séparées ; il lui laissait les Dunois, les La Hire, les Richemont, et cette jeune fille qui sera mise éternellement à côté des plus grands héros pour avoir arraché sa patrie à une domination étrangère ; il lui laissait le droit, la justice, et au fond de l'âme de ses peuples la résolution invincible de vivre sous les lois et dans les usages de leurs aïeux, de rester les frères de leurs frères, et d'avoir toujours la patrie en commun avec ceux à qui ils étaient liés par la communauté des mœurs, du langage, du nom et des souvenirs ; c'était lui laisser tout son royaume. Louis XIV n'avait point oublié ces grands traits de l'histoire de son peuple, lorsqu'il formait le dessein de parcourir les rues de sa capitale, la nouvelle de son dernier désastre à la main, et d'appeler tous ses sujets à venir vaincre ou s'ensevelir avec lui sous les ruines de la monarchie.

Sire, n'ajoutez point foi à ceux qui vous diront que nous sommes incapables de pareilles choses. Et nous aussi nous saurons mourir s'il le faut et quand il le faudra ; et nous aussi nous entendons une voix qui nous crie que la mort du citoyen doit précéder celle de la patrie. Mais non, quelque soit notre sort, la patrie ne mourra point avec nous. O mes concitoyens ! ô mes frères ! nous laisserons de meilleures espérances à nos descendans, et notre sang leur aura été profitable. Qu'est-ce qu'une génération d'hommes dans cette suite de générations qui forment la vie d'un peuple ? Notre existence n'est qu'un moment, qu'une faible portion d'âge, dans celle de notre nation ; nous aurons la consolation de la voir survivre à ceux de nous qui succomberont ; et sur nos tombeaux, l'Espagne verra un jour s'élever des races nombreuses et florissantes qui perpétueront à jamais notre nom et nos destinées. Qu'importe que des ennemis vainqueurs nous enlèvent nos places fortes et nos armes ; c'est au fond de notre cœur, c'est dans notre sang que nous portons ce qui fait que nous sommes espagnols et non pas français. Qui pourra nous le ravir ? Il ne faut que deux castillans échappés dans les montagnes, pour sauver la patrie et reproduire une race fatale aux vainqueurs. Consolons-nous donc dans la vue de ce qui sera après nous ; et s'il faut mourir, préparons-nous de magnifiques funérailles.

Voilà, Sire, le langage que nous tiendrions tous, si la justice n'avait pas aussi son langage qui se fera entendre au cœur de Votre Majesté. Oui, Sire, vous l'entendrez ; votre âme en comprendra la force, et vous donnerez au monde l'exemple qu'il attend ; à la tranquillité de l'Europe, la garantie qu'elle ne peut trouver que dans la nôtre, et à la vertu, à la noble confiance de notre auguste monarque, ce qu'il a lieu de se promettre de votre grandeur d'âme ; ce qu'il a droit d'exiger de votre justice, au nom de la foi, des sermens, et de la religion des traités, si la foi, les sermens et la religion des traités sont encore de quelque considération aux yeux de ceux qu règlent le sort des empires.

Puis-je offrir un dernier motif à votre générosité. Vous le savez, Sire, un grand nombre d'entre nous a compté sur elle ; nous vous avons désiré, nous vous avons appellé, nous avons imploré votre secours ; qu'aurions-nous à répondre aux reproches de nos concitoyens, si nous étions si cruellement trompés dans notre espoir ? Nous les aurions donc livrés et nous avec eux ? Non, Sire, ce n'est pas ainsi que vous répondez aux supplians. Eh! où chercherions-nous désormais la foi, si elle était bannie de votre âme royale.

Voici la pièce que nous avons annoncée, telle qu'elle nous a été remise. On y sent la précipitation d'un homme qui se hâte et craint d'arriver trop tard ; on désirerait aussi que l'auteur y fût moins prodigue d'éloges envers l'usurpateur ; mais il l'avait admiré long-temps, et d'ailleurs, que n'excuserait-on pas en faveur du patriotisme ? Je n'ai pas besoin de dire quel fut le succès de sa tentative. Il se servait d'une langue qui n'était point comprise par un homme accoutumé à compter pour rien les larmes et le sang des peuples; et d'ailleurs la justice divine qui entraînait déjà dans l'abîme l'oppresseur des nations, avait décidé qu'il commencerait par l'usurpation de l'Espagne, cette suite de crimes malheureux dont nous avons enfin vu le terme. Que l'auteur de la lettre n'avait-il affaire à un autre monarque, dont le cœur était capable de l'entendre ? Ses prières n'auraient point été repoussées, et la guerre la plus affreuse qui fut jamais, n'aurait point désolé l'Espagne, et coûté à la France tant de sang et de maux. Espérons du moins que cette épouvantable leçon ne sera point sans fruit pour l'a-

(16)

venir, et que si un concours de circonstances pareilles à celles qui donnèrent lieu à cette lettre se présentait jamais, l'histoire de la guerre d'Espagne s'offrirait sur-le-champ à la mémoire des amis de l'humanité. Espérons aussi que les vœux de l'auteur, au sujet du droit des nations, seront accomplis. La supposition qu'il a faite à cet égard me semble aujourd'hui réalisée; et j'aime à répéter avec lui : O Henri IV, ô Saint-Pierre ! ô Rousseau ! oui, c'est calomnier la nature humaine que de reléguer vos consolantes espérances au nombre des chimères et des songes.

septembre 1815.

DE L'IMPRIMERIE DE MAME, RUE POT-DE-FER.

www.ingramcontent.com/pod-product-compliance
Lightning Source LLC
Chambersburg PA
CBHW070533050426
42451CB00013B/2996